Fabian Schäfer

Der Hofmeister im Wandel der Zeit

"Der Hofmeister": Zu Lenz' Zeiten, in Brechts Bearbeitung und heute

GRIN Verlag

Bibliografische Information der Deutschen Nationalbibliothek:

Die Deutsche Bibliothek verzeichnet diese Publikation in der Deutschen National-
bibliografie; detaillierte bibliografische Daten sind im Internet über http://dnb.d-
nb.de/ abrufbar.

Impressum:

Copyright © 2011 GRIN Verlag, Open Publishing GmbH
Druck und Bindung: Books on Demand GmbH, Norderstedt Germany
ISBN: 978-3-656-15442-6

Inhaltsverzeichnis

1. PARALLELEN ZWISCHEN DEM „HOFMEISTER" UND LENZ' LEBEN

„Der Hofmeister" als erstes Drama von Jakob Michael Reinhold Lenz hat durchaus autobiografische Züge. Während seiner Studienzeit in Königsberg war er selbst als Hofmeister tätig, zog sich aber schon ein halbes Jahr später „in meine arme Freyheit zurück [...]"[1]. Und auch die Studentenszenen in Halle und Leipzig geben das Leben der Studenten wieder, wie er es in Königsberg kennenlernte. Er weiß also aus eigener Erfahrung von den Schwierigkeiten, die das Dasein als Hofmeister mit sich bringt und verarbeitet in seinem Drama diese Erlebnisse.

2. „DER HOFMEISTER": ZU LENZ' ZEITEN, IN BRECHTS BEARBEITUNG UND HEUTE

2.1 Das Stück zur Zeit der Entstehung

2.1.1 Jakob Michael Reinhold Lenz – der vergessene Stürmer und Dränger

Wer heute an den Sturm und Drang denkt, dem fallen meist zuerst Goethes „Werther" (1774) oder Schillers „Räuber" (1781) ein. Kaum jemand denkt an Lenz, sagt doch sogar der große Goethe über ihn, er sei „ein gefährlicher Feind für ihn [=Wieland], er hat mehr Genie als Wieland, [...]"[2].

Abbildung 1:
Jakob Michael Reinhold Lenz

Lenz, der am 23. Januar 1751 im livländischen Seßwegen (heute Cesvaine, Lettland) geboren wurde und seine Jugend in Dorpat (heute Tartu, Estland) verbrachte, ging 1768 nach Königsberg, um dort auf Verlangen des Vaters Theologie zu studieren. Er interessierte sich nur wenig fürs Studium und ging selten „in die Vorlesungen einiger Professoren; bald fast ausschließlich [...] in die Vorlesungen unseres verehrungswürdigen Lehrers Kant"[3]. Ein Jahr später brach er sein Studium ab und reiste entgegen den Anweisungen des Vaters nach Straßburg, einem Zentrum des Sturm und Drang. Dort lernte er Salzmann und dessen Kreis kennen, später auch Goethe. 1774 erschienen sein erstes Dra-

---

[1] Frankfurter gelehrte Anzeigen. Nr. 48/49. 1775. S. 416f.
[2] Jakob Michael Reinhold Lenz im Urteil dreier Jahrhunderte. Texte der Rezeption von Werk und Persönlichkeit 18.-20. Jahrhundert. 3 Bde. Gesammelt u. hg. v. Peter Müller unter Mitarbeit v. Jürgen Stötzer. Bern 1995. Zitat nach Band I, S. 73
[3] Johann Friedrich Reichardt: Etwas über den deutschen Dichter J.M.R. Lenz. In: Berlinisches Archiv der Zeit und ihres Geschmakkes. Jg. 1796. S. 113f.

ma „Der Hofmeister" sowie seine „Anmerkungen übers Theater", die zu den wichtigsten theoretischen Schriften dieser Literaturepoche gehören. Lenz arbeitete nun als freiberuflicher Schriftsteller, hatte aber immer wieder mit finanzieller Not zu kämpfen. Es entstand eine innige Freundschaft zwischen ihm und Goethe, Lenz nannte ihn seinen „Bruder", sein „zweytes Du"[4]. Am 2. April 1776 reiste er nach Weimar, traf Wieland, Herzog Karl August, Charlotte von Stein, Klinger. Lenz erhoffte sich vom Musenhof dieselben Vorteile wie Goethe, hatte politische Reformpläne. Er verließ aber schon etwa ein Jahr später wieder die Stadt, um aufs Land zu ziehen, „weil ich [=Lenz] bei Euch nichts tun kann"[5]. Seine Erneuerungsvorschläge scheiterten, wurden als „lächerlich" (Goethe), als „Marotte" (Wieland)[6] beurteilt. Zwei Tage nachdem Goethe Staatsämter übernommen hatte, nämlich am 27. Juni 1776, verließ Lenz die Stadt und ging ins zehn Kilometer südlich gelegene Berka. Fünf Monate später reiste er zurück nach Weimar, wo es am 26. November zum Streit mit Goethe kam. Die genauen Gründe und Umstände sind nicht bekannt, Goethe schrieb in sein Tagebuch lediglich „Lenzens Eseley."[7] Lenz gab zu, ihn beleidigt zu haben, musste am 1. Dezember die Stadt verlassen und wurde vom Herzog auf Goethes Wunsch ausgewiesen. Lenz wird dies nie wirklich verstehen, es wird ihn ewig zeichnen. In diesem Bruch mit Goethe ist auch das Vergessen Lenzens begründet. Er reiste in die Schweiz, kam bei Lavater unter. Im Januar 1778 ging er zu Pfarrer Oberlin, erste Wahnsinnsanfälle und Selbstmordversuche sind protokolliert. Es entstanden mehr und mehr Gerüchte und Halbwahrheiten über ihn. So sagte Georg Wilhelm Peterson bereits im Januar 1777 in einem Brief an Nicolai, „[...] Lenzens Verrückung ist kanonisch"[8]. Seine Werke galten von nun an als Werke eines Geisteskranken, was ihnen jede Qualität absprach. Unterdessen wanderte Lenz umher, kam bei Freunden und Bekannten unter, wurde ob seiner Verrücktheit weitergeschickt, niemand wollte ihn bei sich haben. Im nächsten Jahr reiste er mit seinem Bruder Karl zurück nach Livland. Der Vater, mittlerweile Generalsuperintendent von ganz Livland, unterstützte Lenz nicht bei seiner Stellensuche; er war nicht bereit, ein Empfehlungsschreiben zu verfassen. Er hielt seinen Sohn für verrückt und verzieh ihm nie, dass er sich sei-

---

[4] Jakob Michael Reinhold Lenz: Werke und Briefe in drei Bänden. Hg. von Sigrid Damm. Insel Taschenbuch: Frankfurt 1992. Zitat nach Band 3, Seite 303

[5] Ebd., Band 3, S. 472

[6] Vgl. Sigrid Damm: Vögel, die verkünden Land. Das Leben des Jakob Michael Reinhold Lenz. Insel Verlag, Frankfurt/Main 1989, S. 222 bzw. 220

[7] Müller, a. a. O., Bd. I, S. 254

[8] Zitiert nach: Martin Sommerfeld: Friedrich Nicolai und der Sturm und Drang. Ein Beitrag zur Geschichte der deutschen Aufklärung. Mit einem Anhang: Briefe aus Nicolais Nachlass. Halle a. d. S. 1921, S. 278, Anm. I.

nen Empfehlungen widersetzt hatte. Lenz schrieb selbst an ihn: „Vater! Ich habe gesündigt im Himmel u. vor Dir u. bin fort nicht wert, daß ich Dein Kind heiße."[9] Er reiste nach Russland, nach St. Petersburg, suchte dort verzweifelt nach einer Anstellung bei der Zarin Katharina. Doch ohne Kontakte, Empfehlungen, Geld und Einfluss konnte er nichts erreichen im von Korruption geprägten Zarenreich.[10] Er arbeitete zwei Monate als Hauslehrer auf einem Gut bei Dorpat, floh dann aber nach Moskau, wo er wieder verschiedene Hofmeisterstellen innehatte. Er knüpfte Kontakte zu Moskauer Aufklärern wie Nowikow und Karamsin und hielt sich mit Übersetzungen und Gelegenheitsarbeiten über Wasser. Seine Krankheit wurde immer schlimmer, er wurde zunehmend verwirrter, schrieb konfuse Reformvorschläge für Bereiche von Wirtschaft und Kultur. Er wohnte bei verschiedenen Freunden, Bekannten, hatte keinen festen eigenen Wohnsitz. Nach der Franz. Revolution begann die Verfolgung und strenge Beobachtung der Aufklärer und Freimaurer, zu denen Lenz durch Nowikow Kontakt hatte. Freunde wie Radistschew oder Karamsin wurden verhaftet oder standen unter strenger Zensur, andere flohen. Am 23./24. Mai 1792 schließlich starb Jakob Lenz auf einer Moskauer Straße. Wann und wo er beerdigt wurde, ist unbekannt.

2.1.2 Entstehungsgeschichte und Hintergrund

Noch im 18. Jh. liegt die Aufgabe der schulischen Bildung bei der Familie. Wer es sich leisten kann, überträgt diese Verantwortung Hofmeistern, also privaten Lehrern, die meist mit bei der Familie leben. Diese Hofmeister waren fast immer junge Theologen, die noch zu jung für eine eigene Pfarre waren, da für Pfarrstellen ein Mindestalter von 25 vorgeschrieben war.[11] Das Studium endete meist mit 21-23, es gab also einige Zeit zu überbrücken. Auch viele Schriftsteller machten ihren Anfang als Hofmeister, so beispielsweise Kant, Wieland, Herder und Hölderlin.[12] Der Beruf des Hofmeisters unterlag einigen Schwierigkeiten, so z. B. des hohen Konkurrenzdrucks, der vergleichsweise schlechten Bezahlung, der Abhängigkeit von der Obrigkeit, der erzwungenen Enthaltsamkeit und der mangelnden Qualifikation. Hofmeister sollten oft Latein, Griechisch, Hebräisch und Französisch können, dazu theologisches, historisches und mathematisches Wissen besitzen. Hin-

---

[9] Damm, WuBr, a. a. O., Bd. 3, S. 568
[10] Vgl. Damm, Vögel, die verkünden Land, a. a. O., Seite 343
[11] Vgl. Friedrich Voit: Erläuterungen und Dokumente: J. M. R. Lenz, Der Hofmeister. Reclam. Stuttgart 2002, S. 9
[12] Ebd., S. 66

zu kam die pädagogische Eignung.[13] Diese Anforderungen waren weit höher als der tatsächliche Wissensstand eines jungen Theologen, der gerade die Universität verließ.

Es sind diese Probleme, die Lenz in seinem „Hofmeister" realitätsnah, kritisch und teils aus eigener Erfahrung verarbeitet. Jakob Lenz beginnt sein erstes Drama wohl Ende 1771, Anfang 1772 – zu der Zeit befindet er sich in Straßburg, arbeitet noch immer für die Offiziere Kleist, mit denen er von Livland als Reisebegleiter nach Frankreich kam. Im Jahr 1772 entsteht die erste handschriftliche Fassung des Stückes. Lenz' Anregungen sind seine Zeit in Livland und Königsberg. So befinden sich im Stück noch die Namen von Bekannten aus der Jugend- und Studentenzeit. Der Lautenist Rehaar heißt noch Reichardt, benannt nach Johann Reichardt, dem Vater eines Kommilitonen, zugleich Stadtmusikus in Königsberg. Die Studenten Pätus und Bollwerk sind nach den zwei Studienfreunden Pegau und Baumann benannt.[14] Auch Gustchens Verführung folgt einer wahren Begebenheit. Lenz hat „zum Inhalte seines *Hofmeisters* einen traurigen Fall in einer der angesehendsten Familien Lieflands erwählt, und einen vornehmen Gönner so lächerlich darin vorgestellt [...]."[15] Gemeint ist wohl die mit der Familie Lenz bekannte Familie Berg, deren Name im Drama unverändert blieb. Unsicher ist, ob die erwähnte Handschrift eine Reinschrift der ersten Fassung oder eine Bearbeitung einer früheren Version ist. Dafür spricht ein Brief vom 28. Juni 1772 an Salzmann, in dem Lenz schreibt: „Mein Trauerspiel [...] neigt sich mit jedem Tage der Zeitigung." Gleichzeitig spricht er ein „unreifes Manuscript" an, das er vom Verleger „zurück verlangte".[16] Im Oktober erstellt Lenz eine Abschrift, die er Salzmann schickt. Im folgenden Jahr erreicht ein Manuskript (evtl. über Salzmann) Goethe, der seinem Freund Lenz „zu dieser wie zu seinen übrigen Schriften bald Verleger"[17] verschaffen wird. Für die endgültige Druckfassung wurde diese Handschrift nur unwesentlich geändert; zwei Szenen (II,2 und IV,5) wurden hinzugefügt, einige Dialoge gerafft und die Namen geändert. So erschien der „Hofmeister" im Frühjahr 1774 beim Leipziger Verlagsbuchhändler Christian Friedrich Weygand.[18]

---

[13] Vgl. Anton Friedrich Büsching: Unterricht für Informatoren und Hofmeister. 2., verb. Ausg. Leipzig: Wienbrack, 1802. S. 34-39
[14] Vgl. Voit, Erläuterungen und Dokumente, a. a. O., S. 81
[15] Stammler, Wolfgang: „Der Hofmeister" von Jakob Michael Reinhold Lenz. Ein Beitrag zur Literaturgeschichte des 18. Jahrhunderts. Diss. Halle 1908, S. 35.
[16] Damm, WuBr, a. a. O., Bd. 3, S. 259
[17] Johann Wolfgang von Goethe: Werke. Hamburger Ausg. In 14 Bänden. Bd. 10. 7., neubearb. Aufl. München: Beck, 1981. S. 10f.
[18] Vgl. Voit, Erläuterungen und Dokumente, a. a. O., S. 94

2.1.3 Inhalt des „Hofmeister"

Nun soll der Inhalt dieses 1774 erschienen Stückes kurz und überschaubar darge-
stellt werden.

Erster Aufzug

Der erste Aufzug spielt komplett „zu Insterburg in Preußen", das heute in Kali-
ningrad liegt. Der für eine Pfarrstelle zu junge Läuffer erhält eine Anstellung als Hofmeister beim
Major von Berg, um dessen Sohn Leopold zu unterrichten. Des Majors Bruder, der
Geheime Rat, hat Läuffer zuvor als Lehrer an der Stadtschule abgelehnt. Sein
Sohn Fritz besucht diese Schule und wird nicht wie sein Cousin privat erzogen.
Als Läuffer bei der Familie von Berg ankommt, muss er seine vielfältigen Kennt-
nisse (vgl. 2.1.2) nachweisen. Trotz nochmaliger Kürzung seines Gehalts soll
Läuffer nun auch die Tochter des Hauses, Gustchen, unterrichten. Der Major
schärft dem Hofmeister ein, auf keinen Fall zu streng mit ihr umzugehen. Unterdessen reden Fritz von Berg und Gustchen über ihre bevorstehende Trennung
und schwören in Anspielung auf Shakespeares „Romeo und Julia" einen Eid; sie
versprechen einander, nach Fritz' Studium in Halle zu heiraten. Bei diesem
Schwur erwischt der Geheime Rat seinen Sohn – als Strafe dürfen sich die beiden
nicht mehr ohne Zeugen sehen und nur offene Briefe schreiben.

Zweiter Aufzug

Zu Beginn des zweiten Aufzugs diskutiert der Geheime Rat mit Läuffers Vater,
dem Pastor des Ortes, über den Sinn von Hofmeistern. Dabei kommt zur Sprache,
dass dessen Sohn das eigentlich versprochene Pferd zur Reise nicht erhält und
Insterburg nicht verlassen darf. Die Handlung springt dann nach Halle, wo Fritz
mittlerweile mit Pätus und Bollwerk seit einem Jahr studiert. Der Erstere berichtet
von Gustchen, die er sehr vermisst. Pätus versucht ihn vergebens auf andere Ge-
danken zu bringen. In Heidelbrunn bahnt sich mittlerweile ein intimes Verhältnis
zwischen Läuffer und Gustchen an, die von ihrem „Romeo" vergessen scheint und
dies beklagt. Der Major sorgt sich um den zunehmend schlechteren Gesundheits-
zustand seiner Tochter, ohne etwas von der Schwangerschaft zu ahnen. Zurück in

Halle, sitzt Fritz im Gefängnis, weil er für den verschuldeten Pätus gebürgt hat. Seine Kommilitonen tadeln seine Naivität und fordern mehr Verstand.

Dritter Aufzug

Die Majorin berichtet ihrem Mann von „Infamie", also der Ehrverletzung der Tochter, woraufhin sie in Ohnmacht fällt. Der Major will wutentbrannt sofort handeln, der Geheime Rat aber mahnt ihn zur Mäßigung. Währenddessen kommt Läuffer in der Dorfschule beim Lehrer Wenzeslaus unter falschem Namen unter, um sich zu verstecken. Seiffenblase hat inzwischen den Geheimen Rat von den Vorkommnissen in Halle berichtet. Dieser beklagt das Schicksal und sieht dies als Fluch über die ganze Familie. Gustchen ist zudem spurlos verschwunden. Läuffer wird mittlerweile zum Assistenzlehrer von Wenzeslaus.

Vierter Aufzug

Während Fritz wieder aus dem Gefängnis freikommt, will sein Onkel, der Major von Berg, fliehen, obwohl er die Hoffnung noch nicht aufgibt, Gustchen wiederzufinden. Diese kommt bei der alten und blinden Marthe in einer Waldhütte unter, wo sie ihr Kind vor zwei Tagen geboren hat. Sie will ins Dorf, um ihrem Vater eine Nachricht von ihr zu geben. Der Major, der Geheime Rat und Graf Wermuth finden Läuffer in der Dorfschule, wobei dieser durch einen Schuss verletzt wird. Doch auch Läuffer kennt den Aufenthaltsort von Gustchen nicht, woraufhin die Männer weitersuchen wollen. Sie finden sie an einem Teich, in den Gustchen sich im Moment des Eintreffens voller Verzweiflung stürzt. Ihr Vater rettet sie aus dem Teich und verzeiht ihr.

Fünfter Aufzug

Marthe bringt das Kind in die Schule, wo Läuffer es als das seine erkennt. In Leipzig soll unterdessen das Duell zwischen Fritz und Pätus auf Grund eines Streits ausgefochten werden, doch können sie ob ihrer Freundschaft nicht miteinander kämpfen. Der Lautenist Rehaar gewährt dem sich entschuldigenden Pätus nun seine Tochter, um die es bei dem Streit ging. Inzwischen kastriert sich Läuffer aus Reue und Verzweiflung. Zurück in Leipzig liest Pätus Fritz einen Brief von Seiffenblase vor, in dem er von den Geschehnissen um Gustchen berichtet und auch deren Tod erwähnt wird. Beide wollen nach Hause eilen, doch haben sie nicht genug Geld für die Heimreise. Erst durch einen Lotteriegewinn wird ihre Reise möglich. Läuffer kann trotz Kastration seine Begierde am Mädchen Lise nicht zügeln. Auch sie möchte Läuffer zum Mann nehmen, denn sie will ohnehin keine Kinder. Unterdessen treffen Fritz und Pätus in Insterburg ein. Ersterer versöhnt sich mit seinem Vater und soll Gustchen zur Frau nehmen. Pätus soll Jungfer Rehaar ehelichen. Pätus' Vater, der Sohn der alten Marthe, bringt dem Major sein Enkelkind zurück. Fritz will dieses Kind annehmen, als wäre es sein eigenes. Das Drama endet damit, dass Fritz verspricht, seinen Sohn niemals von einem Hofmeister unterrichten zu lassen.

2.1.4 Aufbau des Dramas

Nach der Inhaltsangabe soll nun der Aufbau des Werkes genauer untersucht werden.

Wie Lenz schon in seinen „Anmerkungen übers Theater" schreibt, hält er die aristotelischen Einheiten von Zeit, Ort und Handlung für überholt.[19] Wie viele seiner Zeitgenossen missachtet er sie bewusst auch im „Hofmeister". Der Ort der Handlung wechselt sprunghaft zwischen Insterburg in Preußen und Halle, geht von dort in einen Wald, wieder zurück in die Dorfschule zu Insterburg usw. Noch dazu sind die Szenen nicht immer chronologisch angeordnet, da sie zeitweise auch gleichzeitig stattzufinden scheinen. Jeder einzelne Auftritt wirkt wie eine Momentaufnahme, die nur einen kurzen Ausschnitt aus dem ganzen Geschehen zeigen. Dadurch dass diese kurzen Einblicke so schnell und abrupt enden, erhalten sie eine ungeheure Dynamik und Prägnanz. Weil es keine verbindenden Szenen gibt, kommt es zu einem schnellen Tempo, die Handlung wird dadurch umso fesselnder und unmittelbarer. Insgesamt zieht sich das Geschehen über drei Jahre hin, denn zwischen dem ersten und zweiten Akt liegen zwei Jahre, da Läuffers Vater vom „Anfang des dritten"[20] Jahres der Hofmeisteranstellung spricht. Im 5. Akt ist das Baby Gustchens dann auch kein Säugling mehr. Auch die Einheit der Handlung wird nicht eingehalten, denn man kann das Drama in drei Handlungsstränge einteilen: Die Läuffer-, die Fritz- und die Gustchen-Handlung. Diese drei Handlungen laufen meist unabhängig voneinander ab und haben nur wenige Berührungspunkte. Teilweise finden diese Geschichten auch synchron statt. Während dieser

---

[19] Vgl. J.M.R. Lenz. Anmerkungen übers Theater. Shakespeare-Arbeiten und Shakespeare-Übersetzungen. Hrsg. Von Hans-Günther Schwarz. Reclam 1995. S. 20f.
[20] Vgl. Jakob Michael Reinhold Lenz. Der Hofmeister. Hamburger Lesehefte Verlag, Husum 2009. S. 14

drei Vorgänge ist eines für den Fortgang der Handlung von entscheidender Bedeutung: der Zufall. Der Major findet seine Tochter genau in dem Moment, in dem sie sich ertränken möchte. Unwahrscheinlich ist es auch, dass Läuffer in dem Säugling seine Gesichtszüge erkennt. Trotzdem sind diese Zufälle sehr wichtig, um die Handlung voranzutreiben. Hätte Läuffer das Kind nicht als das seine erkannt, wäre er nicht zur Besinnung gekommen und hätte sich nicht kastriert. Und Pätus' Lottogewinn, durch den er erst mit Fritz zurückreisen kann, scheint geradezu wie ein Deus ex machina, der aus einer fast ausweglosen Situation das Schicksal noch zum Guten wendet. Auch über den strengen Gattungsbegriff schreibt Lenz in seinen „Anmerkungen übers Theater"[21] und kritisiert ihn scharf. In der in 2.1.2 erwähnten Handschrift nennt er sein Drama noch „Lust und Trauerspiel"[22], später dann nur noch Komödie. Dennoch ist beispielsweise Gustchens Schicksal durchaus tragisch, nur die Lösung, nämlich ihre gesellschaftliche Akzeptanz und dass Fritz sie gar zur Frau nehmen will, entspricht nicht dem Verlauf einer Tragödie. Auch Läuffer stirbt nicht und erhält stattdessen sogar mit einer naiven Frau eine Belohnung. So ist das Geschehen gleichzeitig tragisch und komisch.

2.2 Bertolt Brechts Bearbeitung

2.2.1 Bertolt Brecht

Am 10. Februar 1898 wird einer der einflussreichsten Dramatiker und Lyriker des 20. Jahrhunderts in Augsburg unter dem Namen Eugen Berthold Friedrich Brecht als erster Sohn eines kaufmännischen Angestellten der Haindl'schen Papierfabrik geboren. Wenig später wird sein Vater Prokurist dieser Fabrik, weshalb Bertolt Brecht schon früh privilegierter war als die Arbeiterkinder.[23] Nach dem Notabitur 1917 begann er zum Wintersemester des gleichen Jahres ein Studium der Literatur-,

Abbildung 2: Bertolt Brecht

---

[21] Vgl. J.M.R. Lenz. Anmerkungen übers Theater, a. a. O., S. 16
[22] Vgl. Voit, Erläuterungen und Dokumente, a. a. O., S. 83, obere Abbildung
[23] Vgl. Jan Knopf. Bertolt Brecht: Literaturstudium. Reclam Lepizig, 2000. S. 14

der Naturwissenschaften und der Medizin in München. Dort knüpfte er erste Kontakte zu Schriftstellern und Theaterleuten, so z. B. zu Arnolt Bronnen; in Angleichung an dessen Namen änderte er seinen in Bertolt Brecht um. Sechs Jahre später, 1924, zog er nach Berlin um; sein Studium in München hatte er nicht beendet. Da Brecht die Liebe als Produktion „mit den Fähigkeiten des anderen"[24] verstand, hatte er Liebesbeziehungen zu mehreren Frauen; 1930 kam sein viertes Kind mit der vierten Frau zur Welt.[25] Mitte der 20er Jahre wurde er zum überzeugten Kommunisten, trat aber nie in die KPD ein. Seine Stücke waren zunehmend politisch gefärbt und verfolgten politische Ziele. Ab 1930 störten die aufkommenden Nationalsozialisten verstärkt Brechts Aufführungen, am 28. Februar 1933 floh er über Prag, Wien, Lugano (Schweiz) und Paris schließlich nach Dänemark.[26] Während dieser Zeit arbeitete er an verschiedenen Werken und versuchte, so gut wie möglich Kontakt zu Schriftstellerfreunden zu halten. Im April ´39 flohen er und seine Familie nach Schweden; dort entstanden seine großen Exildramen „Der gute Mensch von Sezuan" und „Mutter Courage und ihre Kinder".[27] Über Finnland reiste er im Mai 1941 in die USA, wo er als Drehbuchautor erfolgreich werden wollte. Dieser Plan scheiterte vor allem an der kommunistischen Gesinnung Brechts und der Einstufung Brechts als „enemy alien"[28]. Über Paris zogen die Brechts zurück in die Schweiz, um dort für ein Jahr zu leben. Im Oktober 1948 gelangte er über Österreich, wo er als vorher „Staatenloser" die Staatsbürgerschaft erhielt, und Prag nach Berlin. Dort beobachtete und inspizierte er die Theaterszene aufmerksam. Die Einreise nach Westdeutschland blieb ihm unterdessen noch immer untersagt. In Ost-Berlin begann Brecht wieder, eigene Stücke am Deutschen Theater zu inszenieren, ehe er 1949 mit dem Berliner Ensemble seine eigene Theatertruppe bekam. Helene Weigel, Brechts Ehefrau, war die Leiterin dieses Ensembles. Brecht inszenierte Anfang 1950 mit dieser Schauspielgruppe seine eigene Bearbeitung des „Hofmeister" von Lenz; die Premiere am 15. April gilt als größter Erfolg des Ensembles zu Brechts Lebzeiten, auch nahm die Öffentlichkeit damit Brecht zum ersten Mal als Regisseur wahr.[29] Sechs Jahre später war Brecht mehrfach krank; er litt unter einem Herzleiden, das er schon seit der Kindheit hat-

[24] Bertolt Brecht u. a.: Große kommentierte Berliner und Frankfurter Ausgabe, Bd. 18, S. 40
[25] Vgl. Jan Knopf. Bertolt Brecht, a. a. O, S. 24
[26] Vgl. ebd. S. 45ff.
[27] Vgl. ebd. S. 54
[28] Jan Knopf: Bertolt Brecht, Basisbiographie, Suhrkamp Verlag, Frankfurt am Main 2006, S. 55.
[29] Vgl. Werner Mittenzwei: Das Leben des Bertolt Brecht oder der Umgang mit den Welträtseln. Suhrkamp, Frankfurt/M. 1989 II, S. 412

te. Am 14. August 1956 schließlich starb Brecht an einem Herzinfarkt, drei Tage später wurde er in Berlin beerdigt; bei der Bestattung wurde, Brechts Wunsch entsprechend, nicht gesprochen.[30]

2.2.2 Brechts Bearbeitung im Vergleich mit dem Original

Als Brecht – wohl 1938 – seine „Studien" verfasst, befindet sich darunter auch das satirische Sonett „Über das bürgerliche Trauerspiel ‚Der Hofmeister' von Lenz" – die erste literarische Auseinandersetzung mit dem Sturm-und-Drang-Autor. Zwei Jahre später schreibt er über Lenz, er gehöre neben John Gay (1685-1732) und Pierre Beaumarchais (1732-1799) zu den Vertretern einer „bürgerlichen revolutionären realistischen Dramatik"[31]. 1949 bearbeitet Brecht das „hochmoralische Stück ohne Trompeten"[32] für sein Berliner Ensemble, denn „das stück war mir lange im hinterkopf. es ist meines wissens die früheste – und sehr scharfe – zeichnung der deutschen misere. [...] hier muß der mann, gesellschaftsfähig zu bleiben, sich entmannen"[33].

Im Folgenden soll nun auf die gravie-

Abbildung 3: Bühnenbild-Skizze Caspar Nehers zur 1. Szene der „Hofmeister"-Bearbeitung

rendsten und wichtigsten Änderungen im Vergleich zu Lenz' Original eingegangen werden.

Brecht übernahm ca. 44% des Textes, aus den fünf Akten bei Lenz werden vier Akte – einige Szenen von Lenz werden von Brecht zusammengelegt. Dadurch kommt es zu einer Straffung der Handlung. Völlig neu sind die Szenen 4 („Schlittschuh-Szene"), 9 („Abtreibungs-Szene") und 14 b („Kastrationsszene").[34] Des Weiteren schaltete Brecht zwischen dem 3. und 4. Akt bzw. zwischen der 13. und 14. Szene ein Zwischenspiel ein. Dieses zeigt in Prosa den Verlauf des Jahres und

---

[30] Vgl. Jan Knopf. Bertolt Brecht, a. a. O, S. 70

[31] Bertolt Brecht: Gesammelte Werke in 20 Bänden. Hrsg. vom Suhrkamp Verlag in Zsarb. mit Elisabeth Hauptmann. Bd. 19. Frankfurt a. M.: Suhrkamp, 1967. S. 326

[32] Bertolt Brecht: Briefe. Hrsg. und komm. Von Günter Glaeser. Frankfurt a. M.: Suhrkamp, 1981. S. 634

[33] Bertolt Brecht: Arbeitsjournal 1942-1955. Hrsg. Von Werner Hecht. Suhrkamp Taschenbuch Verlag, 1993. Zweiter Band, S. 559

[34] Vgl. Jan Knopf: Brecht-Handbuch. J. B. Metzlersche Verlagsbuchhandlung, Stuttgart 1980, S. 299

die Veränderung der Personen. Auch der Prolog und Epilog sind neu. Diese beiden und das Zwischenspiel sind durch Brechts Theorie des Epischen Theaters zu erklären. Sie fordern den Zuschauer durch Distanz zur Urteilsbildung auf und sollen jegliche Identifikation mit den Figuren vermeiden. Besonders Pro- und Epilog haben zudem den Zweck der Verfremdung: Dadurch dass Läuffer ins Stück einführt und es kommentiert, wird darauf hingewiesen, dass er als Schauspieler lediglich die Figur demonstriert. Demzufolge gewinnt der Zuschauer eine gewisse Distanz zum Geschehen und begreift (bzw. soll begreifen), dass der Mensch Gegenstand der Untersuchung ist. Im Zwischenspiel zeigt sich, dass sich der Mensch zudem als veränderlich und verändernd zeigt – er ist also ein Prozess, kein Fixum. Dass die Form des Theaters dabei erzählend ist, macht den Zuschauer zum Betrachter und verwickelt ihn nicht in die Bühnenaktion. Auch wird schon im Prolog von der „Teutschen Misere"[35] gesprochen – ein Vorgriff, der aus der Spannung auf den Ausgang eine Spannung auf den Gang („Wie-Spannung" statt „Was-Spannung") macht.

Außerdem gibt Brecht dem „Hofmeister" ein neues Ende: In Szene 15 wird die Pätus-Handlung mit der neuen Figur der Karoline beendet; dadurch fällt auch der „zufällige" Lottogewinn von Pätus, der die Heimreise im Original finanzierte, weg, da dieser wohl in Halle bei Karoline bleibt. Überhaupt wird die ganze Studenten-Handlung verkürzt: Es kommt auch nicht zum Gefängnisaufenthalt Fritz', da er Pätus kein Geld lieh. Auch der Streit mit dem Lautenisten Rehhaar und das Fechtduell entfallen. Mit diesen Streichungen der Nebenhandlung folgt Brecht wohl der Rezeptionsgeschichte des Originals: Als einziges Manko wurde gesehen, dass die Handlung zu kompliziert, zu detailliert ist und durch die vorschnelle und nicht natürliche Entwicklung seine Wirkung nicht entfalten kann.[36]

Neben dem Lottogewinn übernimmt Brecht auch das wundersame und unrealistische Erkennen des Säuglings durch seinen Vater Läuffer nicht. Diese Details, die für Lenz noch entscheidend für den Fortgang der Handlung waren, benötigt Brecht in seiner Bearbeitung nicht mehr.

Die nächste Szene zeigt das ursprüngliche Ende der Komödie im Adelshaus, in der letzten Szene findet die Läuffer-Handlung ihr Ende. Brecht trennt die unterschiedlichen Klassen, bei Lenz waren sie am Ende zusammengeführt. Auch wird auf die Läuffer-Handlung das Hauptaugenmerk gerichtet, da sie das Stück ab-

---

[35] Bertolt Brecht. Gesammelte Werke in 20 Bänden. Suhrkamp Verlag, Frankfurt a. M., 1967. Stücke 6, S. 2333.
[36] Vgl. Sigrid Damm: Vögel, die verkünden Land, a. a. O., S. 135

schließt und auf sie nicht wie bei Lenz noch die Versöhnung der Adeligen folgt. Die Figur des Geheimen Rats, die bei Lenz der gut situierte und modern denkende Onkel ist, fällt bei Brecht weniger ins Gewicht. Dies geschieht vor allem durch die Streichung der reformerischen Ideen, die er äußert und mit denen Lenz seine Sturm und Drang-Ideen am deutlichsten äußern wollte: „Machte Lenz den Geheimen Rat zum Sprecher bürgerlicher Interessen, so diente diese Gestalt Brecht dazu, die Fehlentwicklung und Wirkungslosigkeit bürgerlicher Reformgedanken zu zeigen."[37]

Für Brecht sind diese bürgerlichen Interessen nicht mehr von Bedeutung – die vom Geheimen Rat so heftig diskutierte Berufswahl nach dem Vorbild des Vaters war zu Brechts Zeit irrelevant geworden. Dagegen ist für Brecht wichtig zu zeigen, wie sehr Reformgedanken scheitern können.

Auch die Figur des Wenzeslaus erhält bei Brecht andere Züge: Sein Erziehungsprogramm ist verschärft, die Individualität der Schüler soll nun vollständig gebrochen werden. Bei Lenz will er sie noch „nach meiner Hand ziehen"[38], bei Brecht wird daraus „Teutsche Hermanne züchten"[39] – ohne Zweifel eine Anspielung auf die Ereignisse während der NS-Herrschaft unter Adolf Hitler.

Insgesamt greift Brecht massiv in das Stück ein, trotzdem bleibt aber das ursprüngliche Drama erhalten; „es ist nicht Lenz, sondern Lenz plus Brecht. Wobei die Summierung eine Potenzierung ergibt"[40]. Brechts Änderungen umfassen sowohl die Hinwendung zum Epischen Theater als auch die Aktualisierung und die Anpassung, die seine Zeit verlangte. So verarbeitet seine Komödie nun „die schlechte Vergangenheit, die noch in die Gegenwart hineinreicht [...]"[41], um sie gleichzeitig zu bewältigen und aus ihr Konsequenzen zu ziehen. Dabei beschreibt die „Teutsche Misere", dass der deutsche Bürger unfähig ist, seine Realität wirklich neu zu gestalten. Gebrochene Normen werden solange ignoriert, bis es zur Katastrophe kommt: im Fall „Hofmeister" der Verstoß der Tochter, die Enterbung des Sohnes, der Selbstmordversuch Gustchens. Schon bei Lenz waren diese tra-

---

[37] Werner Mittenzwei: Brechts Verhältnis zur Tradition. Berlin 1972 (S. 234)
[38] Jakob Lenz. Der Hofmeister, a. a. O., S. 42
[39] Bertolt Brecht. Gesammelte Werke, a. a. O., S. 2371
[40] Paul Rilla: „Hofmeister". In: Monika Wyss: Brecht in der Kritik. München 1977, S. 290
[41] Peter Christian Giese: Das „Gesellschaftlich-Komische". Zu Komik und Komödie am Beispiel der Stücke und Bearbeitungen Brechts. Stuttgart 1974, S.112

gischen Lösungen vorhanden, Brecht aber steigert ihre Widersprüchlichkeit und die verzweifelten Fluchtversuche.[42]

2.3 „Der Hofmeister" heute: Die Inszenierung am Stadttheater Fürth

2.3.1 Analyse der Strichfassung

Die Strichfassung als die bearbeitete und gekürzte Version des Dramentextes lässt Schlüsse auf die Interpretation des Dramaturgen und des Regisseurs zu. Im Falle des „Hofmeister" am Stadttheater Fürth wurden vom Dramaturgen Dr. Matthias Heilmann vor allem die philosophischen Ausführungen zu bzw. über Immanuel Kant in Akt 2 und 5 gestrichen; diese sind für das Publikum irrelevant und machen die Handlung noch komplizierter. Im letzten Akt wurden auch einige Verweise auf die Bibel sowie im dritten Akt der Vergleich der Beziehung von Läuffer und Gustchen mit der von Abaelard und Heloisa gestrichen. Es sind unnötige Details, die den dynamischen Fortgang der Handlung nur behindern. Des Weiteren werden alle Äußerungen zum Zeitpunkt der Handlung gestrichen, die auf den 7-jährigen Krieg hinweisen. Auch einige Bedienstete des Majors werden nicht in die Strichfassung übernommen. Ansonsten gibt es neben einigen kleineren Kürzungen und Straffungen keine gravierenden Veränderungen; dies liegt auch daran, dass Brechts Bearbeitung schon direkt für das Theater geschrieben ist und im Gegensatz zum Original schon sehr gerafft ist.

2.3.2 Das Regiekonzept – Gratwanderung zwischen Regietheater und Texttreue

Das Regiekonzept der Regisseurin Ingrid Gündisch hängt stark mit der von Brecht vorgegebenen Struktur des Stückes zusammen: Es ist modern und filmisch gedacht, die Szenen sind komplex, oft unzusammenhängend und kurz – trotzdem weisen sie einen Bogen auf, sodass es zu einer Gesamtaussage kommt. Genau dies versucht die Regisseurin auch in ihrer Inszenierung umzusetzen, indem sie eine hohe Dynamik, ein gesteigertes Spieltempo, aber auch gezielte Präzision zu erreichen versucht. Dies erreicht sie vor allem durch die scharfkantigen, kurzen Blacks, die Szenen- bzw. Ortswechsel sind also fast fließend und erscheinen so

---

[42] Vgl. Jan Knopf: Brecht-Handbuch. A. a. O, S. 300

unmittelbar und direkt. Teilweise beginnt die nächste Szene, auch wenn die vorherige noch nicht ganz ausgespielt ist. So macht die Inszenierung die Synchronität deutlich, die auch im Stücktext zu finden ist. Es ist keine eindeutig werktreue Inszenierung; zwar übernimmt sie hauptsächlich den Originaltext, trotzdem macht sie sich das Stück nach ihrer Aussage zu eigen. Sie setzt selbst Akzente und hat eine eigene Intention. Sie belässt das Stück in der Zeit seiner Entstehung, also im 18. Jahrhundert, will aber eine Brücke schlagen zwischen dem Original, der Bearbeitung Brechts mit seinen eigenen Intentionen und dem Heute. Das Stück soll für den heutigen Besucher interessant und vor allem aktuell wirken. Die Regisseurin will besonders zeigen, dass die Zeiten eines Hofmeisters zwar vorbei sind, der Zusammenhang zwischen Wohlstand und Bildung aber fast nie brisanter als momentan ist. Auch gibt es keine Ständeordnung mehr, trotzdem ist aber in der Gesellschaft ein Ungleichgewicht von Macht und Abhängigkeit mehr denn je zu entdecken – vor allem, wenn es um Bildung geht. Neben diesen aktuellen Problemen sieht sie aber auch im Verhältnis von Läuffer und Gustchen eine Entladung der unterdrückten Gefühle an falschen Orten und macht deutlich, welche Folgen eine solche Unterdrückung der Begierden haben kann. Als aktuellen Bezug nennt sie beispielsweise die

Abbildung 4: Wenzeslaus (re.)
will Graf Wermuths Schuss ablenken

Missbrauchsfälle in der katholischen Kirche, zu denen zwar keine direkten Anspielungen auftauchen, der indirekte aktuelle Bezug ist aber offensichtlich. Die Kastration selbst ist für sie eine Chiffre für die Beschneidung des Intellekts.

Der Zuschauer soll durch ihre Inszenierung daran erinnert werden, dass sein eigenes Leben und sein Verhältnis zu anderen Menschen ständiger Überprüfung unterliegen sollte, damit er selbst in Freiheit und Selbstbestimmtheit lebt und nach eigener Entfaltung leben kann – nicht wie Läuffer, der unfrei und fremdbestimmt lebt und handelt.

Wie auch für Lenz ist das Drama für Ingrid Gündisch eine Tragikomödie, da das

Stück viele tragische Entwicklungen aufzeigt, im Gegensatz dazu aber auch von Sprachkomik beherrschte Stellen bietet. Dies setzt sie auch um und findet ein ausgewogenes und passendes Verhältnis von Komik und Tragik.

Abbildung 5: Die Kastrationsszene, eine „Beschneidung des Intellekts"

2.3.3 Bühnenbild und Kostüme als Ergänzung und Erweiterung der Interpretation

Bei der Umsetzung des Regiekonzepts spielten vor allem das Bühnenbild und die Kostüme eine sehr große Rolle. Beides gestaltete Angela Loewen, die die von Brechts Drama vorgegebenen Herausforderungen meisterte, denn sie behielt den Modellcharakter des Stücks bei, indem sie Inseln kreierte, die für die verschiedenen Ebenen des Werks stehen. Es gibt die Adelswelt, in der alles weiß, makellos sauber und vornehm ist – es ist die reine, unbeschwerte Welt, wo noch alles in Ordnung scheint. Der Salon, worin sich die Adeligen aufhalten, schwebt auch über der Bühne, denn diese Welt ist höhergestellt und privilegiert. Die zweite Insel ist die der Studenten: Sie ist bunt und chaotisch. Dieser Teil der Bühne hat einen schrägen Boden, denn die Studenten haben noch nicht fest Fuß gefasst im Ernst des Lebens, befinden sich zeitweise noch in Schieflage. Die dritte Insel ist die Schule, die spartanisch und schlicht ist. Ihr Boden ist gerade, sie steht fest und verankert da.[43] Die Kostüme sind zum Teil historisierend, also originalgetreu und authentisch, doch auch hier werden Brücken in unsere Zeit geschlagen, wenn die Studenten beispielsweise Turnschuhe tragen.

---

[43] Vgl. Bretterbericht des Stadttheaters Fürth, April 2011, Interview mit der Regisseurin, S. 3

Angela Loewen nutzt die volle Größe der Bühne und lässt sie am Anfang, während des Spaziergangs von Major und Geheimen Rat, völlig leer. Lediglich ein weißer Farn ist zu sehen, über den sich beide unterhalten. Das Bühnenbild ist anfangs sehr minimalistisch – es besteht nur aus dieser Pflanze, bis dann auf effektvolle Weise der Salon der Adeligen von der Decke gelassen wird. Ab dann ist die Bühne

Abbildung 6: Hinten: Die makellos-weiße Welt der Adeligen, vorne: Oliver Matthiae als Hofmeister Läuffer

aufgeteilt: Vor der Pause befindet sich links die Welt der Studenten, rechts die erhöhte Adelswelt; nach der Pause ersetzt die Dorfschule die makellose Insel der Adeligen. Am Ende, zur Versöhnung, ist die komplette Bühne wieder wie anfangs komplett leer, besticht aber durch die vielen aufwändig gestalteten Kostüme, wirkt also nicht leer, sondern sprüht von Leben, von der Versöhnung der ganzen Familie.

2.3.4 Besonderheiten der Inszenierung

Nach der übersichtlichen Darstellung des Regiekonzepts und des Bühnenbilds soll nun expliziter und detaillierter auf einige Besonderheiten dieser Inszenierung eingegangen werden.

Schon ganz zu Beginn des Stücks wird die gesellschaftliche Stellung Läuffers deutlich: Er spricht den Prolog, die Bühne ist komplett dunkel, nur ein Scheinwerfer ist auf ihn gerichtet. Plötzlich geht dieser Spot seinen eigenen Weg, sodass Läuffer dem Licht schließlich hinterherrennen muss – er wird also schon zu Beginn vom Scheinwerfer geknechtet. Die Szene, in der Läuffer bei der Majorin ankommt und sie von seinen Tanzkünsten überzeugen soll, erscheint durch gezielte Komik sehr aufgelockert und lustig: Die Majorin spielt am Klavier eine Melodie, Läuffer tanzt dazu. Sie spielt immer schneller, der Tanz wird immer hektischer. Schließlich hört die Majorin auf zu spielen, die Musik geht aber weiter und der Hofmeister hetzt über die ganze Bühne – erst dann darf er völlig außer Atem und erschöpft die höhere Welt des Adels betreten und ihnen dienen.

Doch Ingrid Gündisch lässt nicht nur die ganze Bühne bespielen, sondern auch den Orchestergraben, so in der Schlittschuhszene. Zeitweise sieht man nur die Köpfe der Schauspieler, was eine interessante und ungewohnte Perspektive auf das Geschehen ermöglicht. Eine „Brücke" über den Orchestergraben dient später als Fläche, auf der die intime Beziehung zwischen Läuffer und Gustchen beginnt – sie sind dem Publikum dadurch noch näher, die beiden erscheinen nur auf einer Decke liegend noch unmittelbarer. Eine der zentralsten und brisantesten Szenen, die der Kastration, ist geschickt gelöst: Das Publikum sieht nur Läuffers Rücken und das Messer, das er in der Hand halt. Als er ansetzt und seine Kastration durchführt, ertönt ein lauter, markerschütternder

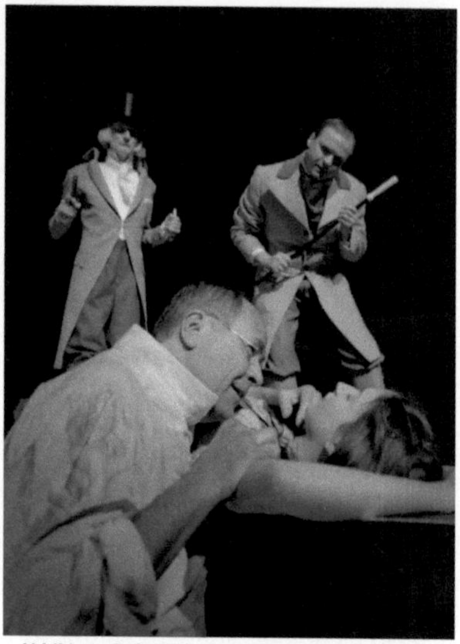

Abbildung 4: Graf Wermuth, Major von Berg, der Geheime Rat und Gustchen (v. l.) bei deren Selbstmordversuch

Schrei. Direkt danach folgt ein Black, die Bühne ist komplett dunkel. Als Nächstes sieht man Läuffer in seinem Bett, das einem Sarg sehr stark ähnelt, mit einer von viel Blut getränkten Decke über dem Körper.

Der Orchestergraben dient später, eingetaucht in von atmosphärischen Rauch und blaues und grünes Licht, die eine wahrhaftig düstere und schauderhafte Waldszene assoziieren lassen, als Teich, in den sich Gustchen aus Verzweiflung wirft.

Durch die moderne Zwischenmusik von Phil Glass erhält die Szenenfolge zusätzlich Rasanz, wird noch dynamischer. Dabei ist sie niemals aufdringlich, sondern bewegt sich im angemessenen Rahmen.

Ein einprägsames Symbol ist ein riesiger Scherenschnitt eines Pferdes, der nach der Pause an der Rückwand der Bühne hängt. Dieses Ross ist umgekehrt, mit dem Kopf nach unten – als Zeichen dafür, dass Läuffer seine Begierden unterdrücken muss, weil ihm das eigentlich versprochene Reitpferd verwehrt bleibt.

2.3.5 Rezensionen der Theaterkritiker sowie eigene Meinung

Wie jede Kunstform ist auch das Theater abhängig vom subjektiven Empfinden und dem persönlichen Geschmack. Deshalb sollen nun verschiedene Kritiken gegenübergestellt und eine eigene Meinung präsentiert werden. Die Premiere des Stücks fand am 7. April 2011 im Stadttheater Fürth statt und rief in den Lokalmedien verschiedene Meinungen hervor. Während Monika Beer vom Fränkischen Tag die „gekonnt[e] [...] spielerische Leichtigkeit" und den „Theaterzauber in seiner ursprünglichen Form" betont, kritisiert die Abendzeitung „die Kette der kurzen Szenen", die „oft wie eine Lampion-Girlande" durchhängen. Dagegen hält Beer „die Fülle von Szenen, die [...] so unterhaltsam und spannend sind" für äußerst gelungen. Auch Bernd Noack äußert sich in den Nürnberger Nachrichten kritisch über die Inszenierung, die „an braver Beliebigkeit krankt" und „zu einer weichgespülten Revue menschlicher Schrullen und Unzulänglichkeiten" gerät. Obwohl laut Reinhard Kalb in der Nürnberger Zeitung die Inszenierung „auch die kleinen Rollen aufwertet", bleibt sein Resumé schlicht: „Doch das Pulver der Empörung bleibt nass. Kein Grund zur Begeisterung."

Unterschiedliche Meinungen gibt es auch zum Bühnenbild und den Kostümen von Angela Loewen, so hält Beer sie für „ästhetisch perfekt gelungen", Kalb dagegen kritisiert das Bühnenbild, „das uns Zuschauern die Figuren wie Versuchstiere im Käfig auf Distanz hält", Noack hält die „schrägen, expressionistisch angehauchten Räume" gar für „Puppenhäuser für gelangweilte bourgeoise Marionetten", in denen sich aber „durchaus ein zwischen Realismus und Groteske angesiedeltes Spiel entwickeln" hätte können.

Auch die schauspielerische Leistung wurde unterschiedlich bewertet: Reinhard Kalb findet, dass „Michaela Domes in ihrer Doppelrolle (Majorin Berg und Hauswirtin) beinahe zu stark aufträgt", dagegen schreibt die Abendzeitung, dass sie ihre Doppelrolle, vor allem durch ihren Gesang, meistert. Noack aber hält diese „seltsam heitere[n] Einlagen, wie etwa die endlose, nervenzehrende Sangeskunst der armen Michaela Domes" für völlig überflüssig. Beers Meinung nach waren die Schauspieler „souverän", sie „passen haargenau und so perfekt zu ihren insgesamt 17 Rollen, dass keiner hervorgehoben werden kann: Man muss sie alle erlebt haben." Auch sind ihrer Ansicht nach „alle Figuren in sich stimmig und präzise aufeinander bezogen", wohingegen Noack vor allem die Adeligen für „putzig-krakelige Kinderzeichnungen einer im Grunde völlig ungefährlichen Familienbande" hält.

Meiner Ansicht nach ist die Inszenierung des selten gespielten Stückes sehr gelungen; es war ein kurzweiliger, unterhaltsamer Theaterabend, der durch komische wie durch tragische Momente überzeugte. Das Ziel der Regisseurin, eine schnelle, dynamische Inszenierung zu präsentieren, ist ihr definitiv gelungen – die filmisch anmutenden Szenen und die schnell wechselnden Orte, dazu ein Bühnenbild, das die drei verschiedenen Welten detailliert abbildet. Den Charakter der bruchstückhaften und unzusammenhängenden Szenen behält Ingrid Gündisch bewusst bei, sodass alle Szenen für sich als eigenständig und besonders dastehen, trotzdem gibt es einen roten Faden, der sich durch die Inszenierung zieht. Auch wird durch diese Umsetzung des Stücks gezeigt, wie aktuell ein Stoff aus dem 18. Jahrhundert präsentiert werden kann, wie viel der Zuschauer aus diesem Stück für sich selbst mitnehmen kann. Nicht zuletzt hängt das Stück auch von seinen Schauspielern ab; hier möchte ich der Bewertung von Monika Beer folgen, nämlich dass das ganze Ensemble in sich sehr stimmig und zusammenpassend war. Dadurch dass selbst kleine Rollen stark besetzt und aufgewertet wurden, kam es zu keinem Ungleichgewicht der Darbietungen. Wie mir der Schauspieler Benjamin Ulbrich (spielte Bollwerk) bestätigte, lag das nicht zuletzt am guten Zusammenspiel aller Beteiligten. Das Team verstand sich hervorragend, arbeitete auf hohem Niveau und konstruktiv miteinander – sie hatten schlicht Spaß am Erarbeiten dieser Inszenierung. Dieses Gemeinschaftsgefühl und diese Geschlossenheit sah man dem Ensemble auch deutlich an: Dass sie mit großer Freude spielten, machte auch den Zuschauern Spaß.

3. ENTWICKLUNG, AKTUALITÄT UND VERÄNDERUNG DES „HOFMEISTER"

Das Stück von Jakob Lenz, das 1774 erschien, war eine scharfsichtige Kritik an der Privaterziehung und den Ständeverhältnissen der damaligen Zeit. Kritisiert wurden aber auch die Behandlung und Stellung der Hofmeister, die diesem Beruf oft nur aus Not nachgingen. Ebenso sollte es darstellen, dass das Verhältnis zwischen Eltern und Kindern, aber auch die Entscheidung zwischen Studium und Liebe, von gesellschaftlichen Regeln abhängt – falls nicht, kommt es zur Katastrophe. Insgesamt beinhaltete es also eine Sozial- und Gesellschaftskritik. Zu Brechts Bearbeitung erhält das Stück eine noch weiter greifende Sozial- und Systemkritik, aus der zur Reform fähigen Gesellschaft bei Lenz wird bei Brecht eine Gemeinschaft, die „nicht mehr als realistisch-widersprüchlich, sondern als überständig, noch lebend, aber in der Substanz tot"[44] ist. Heute geht die Inszenierung in Fürth noch einen anderen Weg: Sie stellt die Gesellschaft, so wie sie ist, dar. Sie lernt ihre Fehler kennen, ist aber nicht imstande, sie zu beheben, ist ihr selbst also ausgeliefert. Dies zeigt uns, dass ein Stück, das fast 250 Jahre alt ist und gravierende gesellschaftliche Veränderungen überlebte, im Kern immer noch aktuell erscheint, insofern als es sich mit den Grundproblemen des Zusammenlebens auseinandersetzt, nämlich mit der Gleichberechtigung und Chancengleichheit für Alle sowie mit dem Verhältnis, das wir zu uns selbst und unseren Mitmenschen pflegen. Gerade das Verhältnis von Fremd- und Selbstbestimmung, unter dem das Individuum leidet, und den daraus resultierenden Situationen, aus denen es keinen Ausweg zu geben scheint, stellte die Leute vor 250 Jahren wie auch heute vor Herausforderungen, die das Drama damals wie jetzt abbildet.

---

[44] Knopf, Brecht-Handbuch, a. a. O., S. 300

4. QUELLENVERZEICHNIS

Brecht, Bertolt: Gesammelte Werke in 20 Bänden. Hrsg. vom Suhrkamp Verlag i. Z. m. Elisabeth Hauptmann. Frankfurt a. M.: Suhrkamp, 1967

Brecht, Bertolt u.a.: Große kommentierte Berliner und Frankfurter Ausgabe

Büsching, Anton Friedrich: Unterricht für Informatoren und Hofmeister. 2., verb. Ausg. Leipzig: Wienbrack, 1802

Damm, Sigrid (Hrsg.): Jakob Michael Reinhold Lenz: Werke und Briefe in drei Bänden. Insel Taschenbuch, Frankfurt 1992.

Damm, Sigrid: Vögel, die verkünden Land. Das Leben des Jakob Michael Reinhold Lenz. Insel Verlag, Frankfurt/Main 1989

Giese, Peter Christian: Das „Gesellschaftlich-Komische". Zu Komik und Komödie am Beispiel der Stücke und Bearbeitungen Brechts. Stuttgart 1974

Glaeser, Günter (Hrsg.): Bertolt Brecht: Briefe. Suhrkamp, Frankfurt a. M. 1981

Goethe, Johann Wolfgang von: Werke. Hamburger Ausg. In 14 Bänden. Bd. 10. 7., neubearb. Aufl. München: Beck, 1981

Hecht, Werner (Hrsg.): Bertolt Brecht: Arbeitsjournal 1942-1955. Suhrkamp Taschenbuch Verlag, 1993

Knopf, Jan: Bertolt Brecht, Basisbiographie, Suhrkamp Verlag, Frankfurt am Main 2006

Knopf, Jan: Bertolt Brecht: Literaturstudium. Reclam Lepizig, 2000

Knopf, Jan: Brecht-Handbuch. J. B. Metzlersche Verlagsbuchhandlung, Stuttgart 1980

Lenz, Jakob Michael Reinhold: Der Hofmeister. Hamburger Lesehefte Verlag, Husum 2009

Mittenzwei, Werner: Brechts Verhältnis zur Tradition. Berlin 1972

Mittenzwei, Werner: Das Leben des Bertolt Brecht oder der Umgang mit den Welträtseln. Suhrkamp, Frankfurt/M. 1989

Müller, Peter (Hrsg.) unter Mitarbeit v. Stötzer, Jürgen: Jakob Michael Reinhold Lenz im Urteil dreier Jahrhunderte. Texte der Rezeption von Werk und Persönlichkeit 18.-20. Jahrhundert. 3 Bde., Bern 1995

Müller, Werner (Verantw.): Stadttheater Fürth, Bretterbericht April 2011

Reichardt, Johann Friedrich: Etwas über den deutschen Dichter J.M.R. Lenz. In: Berlinisches Archiv der Zeit und ihres Geschmakkes. Jg. 1796

Rilla, Paul: „Hofmeister", in: Wyss, Monika: : Brecht in der Kritik. München 1977

Schwarz, Hans-Günther (Hrsg.): J.M.R. Lenz. Anmerkungen übers Theater. Shakespeare-Arbeiten und Shakespeare-Übersetzungen. Reclam Leipzig 1995

Sommerfeld, Martin: Friedrich Nicolai und der Sturm und Drang. Ein Beitrag zur Geschichte der deutschen Aufklärung. Mit einem Anhang: Briefe aus Nicolais Nachlass. Halle a. d. S. 1921

Stammler, Wolfgang: „Der Hofmeister" von Jakob Michael Reinhold Lenz. Ein Beitrag zur Literaturgeschichte des 18. Jahrhunderts. Diss. Halle 1908

Voit, Friedrich: Erläuterungen und Dokumente: J. M. R. Lenz. Der Hofmeister. Reclam Leipzig 2008

Abbildung 1: http://www.zum.de/Faecher/D/BW/gym/Lenz/grafik/lenz.jpg, abgerufen am 27.10.2011

Abbildung 2:http://bbs2-kfz.de/DEUTSCH/LITERATUR/POLITIK/dienstzug/brecht.jpg, abgerufen am 27.10.2011

Abbildung 3: Voit, Friedrich: Erläuterungen und Dokumente: J. M. R. Lenz. Der Hofmeister. Reclam Leipzig 2008, Seite 158

Abbildung 5 stammt aus dem YouTube-Video des Stadttheaters Fürth über den „Hofmeister": http://www.youtube.com/watch?v=uyCOfZUwBaQ , abgerufen am 18.10.11.

Abbildungen 4,6 und 7 wurden mit freundlicher Genehmigung des Stadttheaters Fürth bereitgestellt.

Die Strichfassung sowie alle Kritiken des „Hofmeister" wurde ebenso dankenswerterweise vom Dramaturgen Dr. Matthias Heilmann für diese Arbeit zur Verfügung gestellt.

Deckblatt:
Oben links: http://www.zum.de/Faecher/D/BW/gym/Lenz/grafik/lenz.jpg
Oben rechts:
http://upload.wikimedia.org/wikipedia/commons/thumb/f/f4/De_Der_Hofmeister_(177 4)_Jacob_Lenz.djvu/page1-760px-De_Der_Hofmeister_(1774)_Jacob_Lenz.djvu.jpg
Mitte links: http://bbs2-kfz.de/DEUTSCH/LITERATUR/POLITIK/dienstzug/brecht.jpg
Mitte rechts:
http://images.kulturkurier.de/up/d730b954de4b02754a5c4bf3523e156e.gif
Unten links:
http://www.stadttheater.fuerth.de/stf/resource.nsf/imgref/Image_haus_vonvorne.jpg/$ FILE/haus_vonvorne.jpg
Unten rechts: http://www.freundederkuenste.de/typo3temp/pics/6c1b991b45.jpg
Alle abgerufen am 27.10.2011